Em toda a parte e em lugar nenhum

Poesias Reunidas

Marcony Uliana

AF498230

2024

Poesias Reunidas

Marcony Uliana

"Onde pode estar? Em toda a parte e em lugar nenhum. Em toda a parte e em lugar nenhum" (Marcony Uliana)

Nota Técnica

Em virtude do formato pocket deste livro e para não deixar a fonte da letra demasiadamente reduzida, os versos ficaram quebrados. Assim, para demarcar o início de cada novo verso, observar sempre as letras maiúsculas.

A todos, uma ótima leitura !

Sumário

1. Manhã dos lírios

(Revisado em 27/04/2024)

Manhã dos lírios

A pairar em prados

verdejantes

Lumiar de calmos

caminhantes

Noite dos delírios

Confusão em bosques

fumegantes

Coração em angústias

altissonantes

Lírios, delírios, lírios

Esvoaçantes

Delírios, lírios, delírios

Cambaleantes

2. Carnaval de Veneza

(Revisado em 27.04.2024)

Ó noites úmidas a

esvanecer em revoluteios

Confusos ventos sopram de

seus passeios

Largos campos de neblina

escondem anseios

Novos e velhos festins de

alegria e tristeza

Esconda-me, sob suas

máscaras, ó Carnaval de

Veneza !

Campos ébrios adormecem

em seus seios

Sensações vão e voltam;

escapam ligeiros

Mares revoltosos conduzem

os veleiros

Novos e velhos festins de

alegria e tristeza

Esconda-me, sob suas

máscaras, ó Carnaval de

Veneza !

3. Longe e Perto

(02.04.2021)

Longe, perto

Andar oscilante

Esplêndidas luzes

circundantes

Longe, perto

Coração vacilante

A desvelar faíscas ebriantes

Longe, perto

Perto, longe

Agora, mais próximo

Rio das percepções fluem
ao mar aberto
O contemporâneo dissolve o
futuro e o ontem
Em cada coisa, em cada
ser, meu reflexo
Guardo, então, os segredos
e os paradoxos

4. A aurora foi deitar-se atrás das montanhas

(Revisado em 27/04/2024)

A aurora foi deitar-se atrás
das montanhas
A aurora foi deitar-se atrás
das montanhas

Singela noite a beijar os
campos verdejantes
Assentam-se a contemplar
seus viajantes
Em céus partidos de vinho

No silenciar místico do

caminho

A aurora foi deitar-se atrás

das montanhas

A aurora foi deitar-se atrás

das montanhas

Corações alegres pairam no

suave ondulante

Memórias se olvidam em

ventos assobiantes

Comigo e não mais sozinho

No silenciar místico do

caminho

A aurora foi deitar-se atrás

das montanhas

A aurora foi deitar-se atrás

das montanhas

5. Doce Lar

(Revisado em 27/04/2024)

Quão triste é meu caminho

Pálido como o outono

Doce lar...

Quando poderei regressar ?

6. Ocaso da alta torre

(Revisado em 27.04.2024)

Serpente pecaminosa a

rastejar em jardins de fogo

Audaz e perigosa a saudar

inclinações em jogo

Fúnebre sedutora das altas

torres

Já agora seu domínio se

desmorona

Acabaram-se os encantos e

ardores

Nos jardins suspensos da
Babilônia

Audaz e pecaminosa a
rastejar em inclinações ao
fogo
A serpente perigosa a cair
contra seu próprio jogo

Acabaram-se os encantos e
altas torres
Da fúnebre sedutora e seus
ardores
Jardim suspenso agora se
desmorona

Fim do domínio da antiga
Babilônia

7. Fonte azul

(Revisado em 27/04/2024)

Do bailar da inconsciência

ao despertar da sonolência

Um longo oceano de

sensações

A badalar mentes e

corações

Entardecer de chuvas

brandas

Belas espirais dançam em

suas franjas

Lembra-se de quando vimos

o poente ?

Eis a aurora, luminosa e

sorridente !

Encontre-nos na fonte azul

Aguardando o sol da eterna

novidade

Deslizando na manhã da

suavidade

Harmonizando os acordes

deste blues

8. Mulher persa

(30/01/2024)

Mulher persa

De beleza estonteante

Meigo sorriso e célere juízo

Mulher persa

De olhar brilhante

Sem ouvir, julga; sem sentir,

resoluta

Meu coração de vidro agora

se quebra

E quão complexo é juntar os

pedaços

De uma vida sem fatos

Noite persa, mulher

dissonante

Sentinela de acordes

estilhaçantes

9. Em toda a parte e em lugar nenhum

(03/08/2017)

Em toda a parte

e em lugar nenhum

Diversas faces

de qualquer um

Um sorriso se abre

nesta tarde incomum

Tudo o que se sabe

já não faz sentido algum

Estranhos ventos assaltam

minha janela

Sussurrantes por entre as

galerias

Diante dos jardins da

consciência à espera

Repousam agora numa

pálida calmaria

Neblina ao entardecer

Certezas esvoaçantes

Mística bailante

Onde está você ?

Leve despertar

Passeios delirantes

Em bosques fumegantes
Onde pode estar?

Em toda a parte e em lugar
nenhum
Em toda a parte e em lugar
nenhum

10. Da metafísica

(20/09/2017)

Ó, sedutora da humanidade

Desde a aurora dos tempos

adornada com singela

serenidade

Ou violenta em seu afã

extremo

Quem é ela ?

Que entorpece as mentes

com suas verdades

irrefutáveis

Quem é ela ?

Que estremece crentes com

suas evidências

indemonstráveis

Ó, guardiã dos segredos e

dos dogmas

revele o mistério antigo

o que se encobre por detrás

das imutáveis formas?

de seu olhar perdido

Sim, agora se esfacela seu

brilho

E seu exército já não pode

mais nos deter

Argumento, duvido

Cálido amanhecer

11. Da alvorada da consciência de si

(22/04/2024)

Desperte-se
Longa noite do breve sonho
da vida
Estranhas, confusas e
intoxicadas formigas

O sol se perde em seu café
Enquanto rugem acelerados
parques industriais

Pensamentos e sensações
automatizados sem fé
Num novo mundo de
esperanças comerciais

Ficções e ilusões
Idealismos, racionalismos e
romantismos...
Matamos ou morremos por
bandeira ou ideologismos

Ficções e ilusões
Reis e poderes, terras e
guerras, céus e
sacerdotes...

"Nobres e espirituais
verdades" ditadas por
"almas fortes"

Consciência de si que agora
se percebe consciente dos
grilhões
Move-se, entre o silêncio e
a observação;
Ri-se de si, da liberdade e
do coração;
Prisioneira da mentalidade e
de suas poderosas ficções.

12. Noite dos insensatos

(Revisado em 27/04/2024)

Eis o deitar

Na noite dos insensatos

Eis o silenciar

Na noite dos insensatos

A quietude das almas que

clamam por novas veredas

A solitude dos corações no

imenso mar de estrelas

A luz que se apaga na noite

dos insensatos

A embriaguez dos
descompassados

Para onde foram as brisas
que levam ao poente?
Incomum sono das vidas
silentes
Jardins de pedra a velar
calados
Estranhos a caminhar
desencontrados

Eis o deitar na noite dos
insensatos
De todos os sonhos loucos
e passados,

De toda a inconsciência,

quando iremos despertar ?

13. Lá, acolá e em qualquer lugar

(28/04/2024)

Lá, acolá e em qualquer
lugar
Com você, sempre quero
estar

Flores da primavera em
nossa janela
Saudades do amanhã,
sempre a lembrar

Enquanto andamos por

entre as vielas

E refazemos o ontem a

chegar

Lá, acolá e em qualquer

lugar

Com você, sempre quero

estar

Já não somos mais

prisioneiros de nossas

culpas

Livres, podemos então viver

A doce primavera vívida e

sem desculpas

Sem angústias, sem medos;

ao entardecer

Lá, acolá e em qualquer

lugar

Com você, sempre quero

estar

14. Amável e perdida menina

(22/03/2024)

Você está perdida, garota
linda
Você está perdida, amável
menina
Se não agora, quando?
Se não verdadeiro, então
apenas ilusões

Até quando seu olhar
Vai se esquivar?

Sem certezas, sem grilhões

Podemos nadar até o luar

brando

Amável menina, sem ilusões

Se não agora, quando?

E eu sem saber o que

falar...

15. Agora e sempre

(31/08/2017)

Agora e sempre

Vamos dar um mergulho na

infinitude

Ante os portais da

existência há quem se

assente

A contemplar a serena

completude

Então descobrimos com um

belo sorriso

Que a eternidade se

encontra esfomeada pelos

frutos do tempo

Devoradora, tenho dito,

Que já não vela o que as

migalhas trazem do efêmero

Ousará o instante, atrevido

e inaugural,

A perturbar o perpétuo ?

Que agora se levanta do

seu sono quieto

Pranto na tarde inicial

Venha e contemple

o agora e o sempre

16. Cavaleiro da Triste Figura

(26/04/2024)

Passos e compassos

Flores e amores

O cavaleiro cai de seu

cavalo

Ainda sonha mesmo em

dores

Branca Lua, a verdade nua

A cruzar vielas e ruas

Estranhas pessoas falando

alto no mercado

Vendendo suas almas ao

acaso

O sol vem ao longe

Ao meio-dia nenhuma

sombra se esconde

Sim, sou o Cavaleiro da

Triste Figura

Lutando entre a fantasia e a

loucura

Sonhador e ingênuo

Breve ruído de uma alma

em silêncio

Vencido pela Branca Lua

17. Amável princesa das tardes outonais

(28.03.2024)

A aurora aquece as

montanhas douradas

Sorriso engradece a alma

na solitária alvorada

Venha comigo dançar esta

valsa de amor

Bailante, delirante, o infinito

num instante de esplendor

Doces e belos prados em

seus olhos de poesia

Orquídeas lilases vejo de

sua voz macia

A revolutear em suas

madeixas espirais

A mais perfeita harmonia

Nas singelas tardes

outonais

Amável princesa, venha

comigo contemplar

O poente e seus segredos

Onde se casam a Terra e o

Céu, à beira-mar

Na eternidade do instante,

no mais sublime soneto

18. Da finitude

(16/09/2017)

Agora que sinto a dor da

finitude

Fique só mais um minuto

Só mais um minuto

Toque novamente aqueles

acordes

Lembranças de um dia

suave

Não precisamos sempre ser

fortes

neste momento que se parte

Névoas pálidas tocam os

jardins floridos

As horas revoluteiam o

infinito

Enquanto te faço um pedido

Fique só mais um minuto

Só mais um minuto

19. Caminhante na Tormenta

(15/06/2023)

Caminhante na tormenta
Perdido e confuso
Sem certezas, irresoluto

Caminhante na tormenta
Solitário; cuidado com os
passos
Para não despertar os
pesadelos mais profundos

Caminhante na tormenta

Onde está a simplicidade de

dias passados?

Por que sentir as dores do

mundo?

Caminhante na tormenta

Se não agora, quando?

Após esta tarde de menta

20. *Dos recitais do ermitão*

(16/09/2017)

Ó, ermitão! Ó, solitário!
Por que estais a rezar?

O que pensas poder
controlar
Com um arranjo de
palavras?
Por que ousas se arrogar
diante do imponderável,
calado?

Ó, ermitão! Ó, solitário!

Por que deténs esta

vontade de domínio?

A surpresa da vida desvela

seu fascínio

Agora festejamos

sorridentes

Mas também

experimentamos gemidos

estridentes

Este é o segredo exímio

Ó, ermitão! Ó, solitário!

Por que ainda estás envolto

em seus rituais

Por entre infindáveis

recitais?

Ó, ermitão! Ó, solitário!

Agora que se quebraram os

cristais

Poderás escolher entre o

celebrar do imponderável da

vida

Ou se perder no absurdo de

cada canto dos jornais

21. Lugar de Lugar Nenhum

(12/05/2023)

O sol desponta na janela,

reluzente,

Sorriso dourado no café

silente

Doces memórias a esvoaçar

Identidades percorrem a

dissipar

Aqui, e em todo lugar

Aguardando o trem passar

Doces melodias tornam a

envolver

Os calmos prados neste

entardecer

Já, em lugar nenhum...

Não sei se o trem passou

Talvez, de algum lugar de

lugar nenhum

O trem iria passar nos

confins do incomum...

22. Flores da Esperança

(02/12/2023)

Flores da Esperança

Flores da Esperança

A voar

A voar

Entre nós

Flores da Esperança

Flores da Esperança

Suscitar

Suscitar

Um novo após

Deus que dança
Deus que dança
Habitar
Habitar
Em nós

23. Deixe vir, deixe ir

(28/04/2024)

Foi no outono de chuvas

brandas

De repente, abriu-se o porvir

As manhãs traziam outras

danças

Então, deixe vir...

Deixe vir, deixe ir,

Deixe vir, deixe ir...

O que o imponderável nos

alcança ?

Fluxo contínuo de águas

novas

Eterna novidade a cada

instante

Somos e não somos em

correntezas caudalosas

Homem inaugural em

metamorfose constante

Deixe vir, deixe ir

Deixe vir, deixe ir...

Talvez o imponderável nos

deixe hesitante

Sim, minha amiga, é preciso

coragem

Juntos, à próxima paragem

Deixe vir, deixe ir,

Deixe vir, deixe ir...

24. Canção para a mais bela flor

(14/04/2024)

Branca e lilás

a esvoaçar em campos de

esplendor

Da aurora ouvirás

harmoniosas e suaves

brisas de amor

Flor da vida, Flor da alma

Voz macia, bela e que

acalma

Agora, o infinito se encontra

no instante

Vejo a mais bela flor,

bailante !

Cores e sensações

indescritíveis

Espirituosa e de olhares

sensíveis

Branca e lilás

a esvoaçar em campos de

esplendor

Alegria veraz

Minha canção para a mais

bela flor !

Licenciado e Mestre em Filosofia pela Universidade Federal do Espírito Santo (UFES). Desde criança, sempre esteve motivado pelas perguntas fundamentais sobre a vida, o universo e seus sentidos. Este é o primeiro livro do autor, reunindo poesias recentes e mais antigas, sendo que estas passaram por revisão.

Contato:
marconyuliana@gmail.com